FSC
www.fsc.org

MIX

Papier aus ver-
antwortungsvollen
Quellen

Paper from
responsible sources

FSC® C105338

Werner J. Kraftsik

SO...............
kann Freimaurerei funktionieren!

ohne Humanismus mit Verkleiden.

Ein Leitfaden für „Suchende", „Bürgen" und „Aufseher"

Mit frdl. Genehmigung: © Jens Rusch, „Gaben der Liebe" – Kunstdruck
jensrusch@gmx.de KI-modifizierte Version des Originals

IMPRESSUM

Bibliografische Information der Deutschen Nationalbibliothek:
Die Deutsche Nationalbibliothek verzeichnet diese Publikation in der Deutschen
Nationalbibliografie; detaillierte bibliografische Daten sind im Internet über
http://dnb.dnb.de abrufbar.

© 2024/2025 korrigierte Auflage Werner J. Kraftsik

weiter Mitwirkender: M. S. Bonn

Verlag: BoD · Books on Demand GmbH, In de Tarpen 42,
22848 Norderstedt, bod@bod.de
Druck: Libri Plureos GmbH, Friedensallee 273, 22763 Hamburg

ISBN: 978-3-7693-1247-8

Inhaltsverzeichnis:

Vorwort:

Was bewegt einen Autor dazu, bereits im Titel eines Buches zu behaupten, dass er weiß, wie Freimaurerei funktioniert?

Ist es Überheblichkeit?

Vielleicht Angeberei?

Spinnt der Typ einfach nur?

Oder hat er wirklich den „Stein der Weisen" gefunden und damit Zugang zu den wirklichen Geheimnissen der Freimaurerei gefunden, die er jetzt der Welt mitteilen will?!
Er selbst, und die meisten der Leser wissen längst, dass man mit dem „Stein der Weisen" ganz andere Dinge angehen könnte, als sich um die „Geheimnisse der Freimaurer" zu kümmern.

Hier (m)ein Erklärungsversuch:

Seit ich initiiert wurde und mit jedem Grad den ich erarbeitet habe, stelle ich mir immer wieder die gleichen Fragen:

Was ist die Idee der Freimaurerei?

Warum gibt es viele unterschiedliche Arten der Freimaurerei?

Welche Menschen leben nach dieser Idee?

Was habe ich von dieser Idee verstanden und verinnerlicht?

Warum wurde die Welt dadurch nicht verändert?

Was macht Freimaurerei aus?

Seit nunmehr mehr als 300 Jahren gibt es zahllose Literatur über Freimaurerei.

Entweder sind es sog. „Verräter-Schriften"; dort > verraten < Freimaurer oder solche die vom Bund ausgetreten sind, Rituale und die angeblichen Geheimnisse oder das Verhalten von Mitgliedern des Bundes.

Es wird viel Druckerschwärze bemüht, um die Geschichte und Tradition der Bruderschaft zu erläutern. In der modernen Freimaurer ist es dabei allenfalls für die historisch interessierte Brüder und Schwestern interessant, wann, welcher Graf, Baron oder König, welche Obedienz ins Leben gerufen oder „wiederbelebt" hat.

Die Frage, was das dem Bund heute sagt wird, durch die Beschäftigung mit längst vergangenen Zeiten und Vorstellungen zur Gesellschaft nicht oder kaum beantwortet.

Häufig beschreiben und verdammen religiöse Menschen oder Institutionen diesen Bund, ohne selbst jemals eine Loge von innen gesehen zu haben.

In vielen Schriften überwiegt die Kritik an der Freimaurerei, gepaart mit fehlendem Wissen um das was Freimaurerei ausmacht.

Wer versucht im >World-Wide-Web< seriöse Informationen zu finden, wird vermutlich in mehr als 90 Prozent aller Quellen enttäuscht oder auf Verschwörungstheorien stoßen und, so hoffe ich, nicht darauf hereinfallen.

Dabei lässt sich, wie so oft bei komplexen Zusammenhängen, das Meiste leicht erklären.

Natürlich bieten viele Logen sowohl über ihre Web-Seiten als auch in persönlichen Gesprächen mit Be-Suchenden umfassende und korrekte Informationen.

Dieser Leitfaden versucht Antworten besonders denen zu geben, die danach s u c h e n, aber auch denen, die wie ich Fragen stellen, wie Freimaurerei funktionieren k a n n!
Ich hoffe, es gelingt Klarheit zu schaffen und das Funktionieren der Idee zu beschleunigen.

P.S.:
Klarheit erfordert Konzentration auf das Wesentliche.
Deshalb füge ich an einigen Stellen zur weiteren Information QR-Codes ein. Dort sind Details und weitergehende Erklärung zum jeweiligen Thema zu finden.

Was ist Freimaurerei?

Zu dieser Frage gibt es keine einheitliche Antwort!
Gleichwohl darüber ungezählte Bücher geschrieben, Vorträge
gehalten und Diskussionen geführt worden sind.

Es gibt bestimmte, von allen Beteiligten getragenen, aber
unterschiedlich bewertete Prinzipien, aber keinerlei dogmatisch,
also einheitlich und verbindlich für alle Freimaurer festgelegte
„Glaubenssätze".
Es ist den meisten unbekannt, dass es **DIE** Freimaurerei nicht gibt.
Es gibt unterschiedliche sog. Lehrarten die sich teils kaum, teils
erkennbar unterscheiden. Fast glaubt man, dass es so viele
Ansichten, wie Freimaurer gibt. Und doch gibt es
Gemeinsamkeiten, zu denen sich – die meisten – bekennen und die
in folgenden, aus England stammenden, Gedanken
zusammengefasst sind:

Daheim ist sie Güte,
im Geschäft ist sie Ehrlichkeit,
in Gesellschaft ist sie Höflichkeit,
bei der Arbeit ist sie Anständigkeit!
Für den Unglücklichen ist sie Mitleid,
für den Schwachen ist sie Hilfe,
für den Starken ist sie Vertrauen.
Dem Gesetz gegenüber ist sie Treue,
gegen das Unrecht ist sie Widerstand.
Beim Reuigen ist sie Verzeihen,
für den Glücklichen ist sie Mitfreude.
Vor Gott ist sie Ehrfurcht und Liebe.

Diese Gedanken werde ich versuchen als Maßstab und Richtschnur zu nutzen, um zu sehen, ob es das wirklich ist,

wonach Freimaurer streben?

ob Freimaurer in diesen Regeln einig sind?

ob Freimaurer nach diesen Prinzipien handeln?

ob dagegen verstoßen wird?

ob und wie diese Lebenshaltung geschult wird?

welcher Mittel man sich bedient?

warum die Arbeit und die Mittel dazu geheim gehalten werden?

was das Ziel der Freimaurer ist?

Es wird schwierig werden, all diese Fragen zufriedenstellend zu beantworten. An diesen Fragen arbeite ich, solange ich dem Bund angehöre und finde oder erkenne bei einigen immer noch keine endgültigen Antworten.
Die Idee Freimaurerei und die „gelebte Praxis" unterschieden sich nach meinen Erfahrungen oft sehr stark.
Begeben wir uns also auf die Suche nach Erkenntnis.

Was bedeutet dies Freimaurern?

Erinnern wir uns daran, was Freimaurerei ist oder sein soll und fragen, ob das mit und durch die „Grundideale" erreichbar ist.

Freimaurerei
Daheim ist sie Güte!

Ist das Nachgiebigkeit gegenüber all den Dingen die von Menschen getan werden? Sollen Freimaurer eine „laissez-faire"- Haltung einnehmen, d. h. Menschen >machen lassen< was sie wollen und mit einer neutralen oder passiven Rolle sich nicht einmischen? Das widerspricht eindeutig den schon lange existierenden 10 Geboten für Freimaurer , die bereits 1993 in der „humanität" veröffentlicht wurden.

Nr. 7 · Oktober 1993 · 19. Jahrgang · ISSN 0721-8990 · DM 4,- · C 3923 F

Das deutsche FreimaurerMagazin

humanität

10 Gebote für Freimaurer

1. Du sollst deinen Mitmenschen – unbeschadet seiner Rasse, Religion, Nationalität, seines Standes und seiner Lebensgewohnheiten – als deinen Nächsten und Bruder ansehen.
2. Du sollst das Recht, die Freiheit und die Würde eines jeden Menschen achten.
3. Du sollst deinen Mitmenschen ausreden lassen, ihm zuhören und ihn zu verstehen suchen.
4. Du sollst die religiösen, weltanschaulichen und politischen Überzeugungen anderer achten.
5. Du sollst gegen niemanden Zwang oder Gewalt anwenden und jeder Gewaltanwendung entgegentreten.
6. Du sollst dein Eigentum immer auch zum allgemeinen Wohl nutzen, ohne anderen Menschen Schaden zuzufügen.
7. Du sollst dich über die Angelegenheit des Gemeinwesens informieren, für deine Überzeugungen eintreten und bei der Lösung von Problemen selbst mit anpacken.
8. Du sollst an Wahlen und Abstimmungen teilnehmen.
9. Du sollst dich verweigern und Protest erheben, wann immer der Staat die Menschenrechte oder das allgemeine Völkerrecht mißachtet.
10. Du sollst gegen jeden Widerstand leisten, der die Ordnung unseres Grundgesetzes, insbesondere die Grundprinzipien der Demokratie zu beseitigen unternimmt.

Es bleibt eine Frage der persönlichen Herangehensweise ob diese Gebote mit Strenge und Unnachgiebigkeit durchgesetzt werden und damit dogmatisiert werden oder ob Wohlwollen, Barmherzigkeit und Liebe zu Menschen die Motivation für die Anleitung zur Beachtung dieser Regeln sind.

Güte ist mehr!

Es ist der liebenswürdige, milde, wohlwollende und nachsichtige Umgang mit Menschen. Wer mit Unnachgiebigkeit und Strenge mit Menschen handelt, sollte darüber nachdenken, ob ihm *Menschenliebe* fehlt.
Albert Schweitzer, ein Nichtfreimaurer, formuliert, dass wer den Mut hat, sich selbst zu beurteilen, zu richten und darum zu kämpfen wirklich friedfertig zu werden, sich so zu orientieren:

> „Rechtes Denken lässt das Herz mitreden.
> Stetige Gütigkeit vermag viel.
> Wie die Sonne das Eis zum Schmelzen bringt, bringt sie Missverständnisse, Misstrauen und Feindseligkeit zum Schwinden.
> Was ein Mensch an Gütigkeit in die Welt hinausgibt, arbeitet an den Herzen und an dem Denken der Menschen".

Albert Schweitzer: *Die Lehre der Ehrfurcht vor dem Leben*, S. 49.

Um Güte walten zu lassen, ist es erforderlich mit sich selbst im Reinen zu sein. Güte ist eine Persönlichkeits- und Charaktereigenschaft, die jeder Einzelne erarbeiten muss, mit Arbeit an sich selbst.
Freimaurer nennen das:

„Arbeit am rauhen Stein",

der sie selbst sind.

Konfuzius, (551-479 v.Chr.) chinesischer Philosoph beschäftigte sich, wie viele andere großen Denker, mit der Güte und bemerkte:

Es ist möglich, wahrhaft edel, aber ohne Güte zu sein.
Nie aber hat es einen gütigen Menschen gegeben,
der nicht edel gewesen wäre.

Erst der Friede in sich macht es möglich, gütig im Äußeren zu sein.

Die erste und wichtigste Aufgabe, die Freimaurern gestellt wird lautet:

ERKENNE DICH SELBST

Wer das verinnerlicht und nicht als Floskel versteht, kann seinen inneren Frieden finden.

im Geschäft ist sie	*Ehrlichkeit,*
in Gesellschaft ist sie	*Höflichkeit,*
bei der Arbeit ist sie	*Anständigkeit!*

Im Privaten, wie im Geschäftsleben sollte Ehrlichkeit der Maßstab sein, den man zuerst *an **sich selbst**,* sondern zeitgleich auf seinen Umgang mit den Mitmenschen legt.

Als diese Ideen in England formuliert wurden, gab es, nicht nur im Geschäftsleben, zahlreiche Manipulationsvorwürfe an die Gesellschaft. Nicht nur, dass auf und in den Märkten, trotz allgemeinen Regeln (Zünfte, Gilden etc.) häufig versucht wurde zu betrügen, auch die „Obrigkeit" manipulierte die Menschen durch Falschaussagen, die durch oft fehlende Bildung der Massen begünstigt wurde.

Betrachtet man heute Staat, Industrie, Gesellschaft und menschliches Miteinander, scheint sich in vielen Bereichen wenig geändert zu haben.
Fake-News sind keine Fakten und können als Lügen nicht Teil eines freimaurerischen Lebens sein.

Wer Freimaurer/In ist, manipuliert Menschen nicht zum eigenen Vorteil, sondern handelt geradlinig und ohne Hintergedanken.
Damit wird auch die – leider – heute immer noch verbreitete Lüge vom Bestreben der Freimaurerei nach einer/der Weltherrschaft widerlegt.
Ehrliche Menschen, sagen die Wahrheit und sind **gesetzestreu.**

Es bedeutet auch und gleichzeitig, dass die Freimaurerei sich stets gegen willkürliche und menschenverachtende Bestrebungen oder Gesetze wendet.

Das ist der Grund, weshalb Diktatoren und Dogmatiker Freimaurerei ablehnen und bekämpfen.

Wer Freimaurer werden will, sollte prüfen, ob er aufrichtig gegen sich selbst ist und sich selbst mit all seinen Eigenschaften erkennt und akzeptiert.

Der Auftrag

ERKENNE DICH SELBST

bedingt Selbstreflexion und persönliche Souveränität.

Ehrlichkeit hat zur Folge, dass Menschen in der Gemeinschaft mit Aufrichtigkeit und Höflichkeit einander begegnen.

Wer selbst anständig handelt, wird meist von den Anderen ebenso behandelt und Streit wird vermieden.

Abgesehen davon genießen Menschen, die ehrlich, höflich und anständig sind, einen guten Ruf.

Freie Menschen mit gutem Ruf = Freimaurer/Innen.

Freimaurer/Innen sollten versuchen das, was man als Aufrichtigkeit, Wahrhaftigkeit, Authentizität, Glaubwürdigkeit, Zuverlässigkeit, Fairness, Anständigkeit, Rechtschaffenheit, Redlichkeit und Geradlinigkeit versteht, als wesentlichen Teil ihrer Persönlichkeit zu erreichen.

Nicht einfach – *nobody is perfect* – aber erstrebenswert.

für den Unglücklichen ist sie *Mitleid*,

Was ist Mitleid eigentlich?
Diese Frage ist seit der Antike eine philosophische Frage, Teil der heutigen Moral-Theorie. Es gibt im Laufe der Zeiten unterschiedliche Auffassungen über Herkunft, Geltung und Anwendung.
Wer heute „googelt" findet folgende Definition:

> **Mitleid** ist die Anteilnahme an negativ erlebten Gefühlsqualitäten wie Schmerz und Leid anderer Mitmenschen.
>
> https://de.wikipedia.org/wiki/Mitleid

Diese Aussage beschäftigt sich weniger mit Herkunft, Geltung und Anwendung von Mitleid, sondern bringt es *als Anteilnahme an negativen Gefühlserlebnissen anderer Menschen* auf den Punkt.

Aristoteles sah das anders. In der Rhetorik 1385b heißt es dazu:

> Der Mitleidseffekt ist ausschließlich an das pathologische Gefühl (gebunden), demzufolge sich das Mitleid auf im raumzeitlichen Nahbereich auftretende Leiden und Übel bezieht, von denen Menschen aus dem engeren oder weiteren Bekanntenkreis des Mitleidenden betroffen sind, so dass dieser fürchtet, ihm könne ein ähnliches Unglück widerfahren.

Diese Einstellung entspricht einem „Kosten-Nutzen-Denken", das für „Mitleid gewähren", „Verschonung vor eigenem Leid" verspricht. Ich bezweifle, dass das freimaurerische Absicht ist.

Die Philosophen, von Seneca, Augustinus, Thomas von Aquin, René Descartes, Thomas Hobbes, über Baruch de Spinoza, auch Lessing, Schopenhauer oder Nietzsche, um nur einige zu nennen, hatten teils sehr unterschiedliche Meinungen zum Mitleid und stellten dies in ihren Publikationen entsprechend dar.

Mir scheint, dass die Väter der Definition, was Freimaurerei ist, die heute geläufige

Anteilnahme an negativ erlebten Gefühlsqualitäten wie Schmerz und Leid anderer Mitmenschen

gemeint haben und unter Anteilnahme *aktives Handeln* darauf verstanden haben.

Diese moderne Geisteshaltung, die Hilfe, aber keine Selbstaufgabe beinhaltet, war für die Zeit der Entstehung der sog. „modernen Freimaurerei" revolutionär und sollte heute das Ergebnis freimaurerischer Arbeit nie in Zweifel ziehen – *Menschenliebe*.

für den Schwachen ist sie *Hilfe*,

Wer ist mit „den Schwachen" gemeint und welche Art von Hilfe kann Freimaurerei bieten?
Sind das Menschen, die uns nahe stehen?
Oder sind das die, die wir als „Nächste" bezeichnen?
Um wen handelt es sich also?
Wir haben gesehen, dass die Begrenzung auf die Menschen unseres engeren oder weiteren Beziehungskreis nach der Meinung von Aristoteles nicht freimaurerische Absicht ist.
Die aus unseren Beziehungskreisen, die kennen und mögen wir (meistens).

Was ist mit denen, die

- anders aussehen?
- eine andere Sprache sprechen?
- eine andere Hautfarbe haben?
- deren Lebensgewohnheiten anders als meine sind?
- die mir in allem fremd sind?

Sind das unsere >>*NÄCHSTEN*<< ?

Freimaurer handeln praktisch philosophisch, d. h. ethisch, nämlich nach den Prinzipien von Freiheit, Toleranz und Brüderlichkeit und auch wenn Freimaurerei weder Religion noch Religionsersatz ist, entspricht die christlich definierte Nächstenliebe freimaurerischen Einstellungen.

Erläuterung christlicher Nächstenliebe am Beispiel des „barmherzigen Samariters"

.........Der Gesetzeslehrer wollte sich rechtfertigen und sagte zu Jesus: Und wer ist mein Nächster? ₃₀Darauf antwortete ihm Jesus: Ein Mann ging von Jerusalem nach Jericho hinab und wurde von Räubern überfallen. Sie plünderten ihn aus und schlugen ihn nieder; dann gingen sie weg und ließen ihn halbtot liegen.
₃₁Zufällig kam ein Priester denselben Weg herab; er sah ihn und ging vorüber. ₃₂Ebenso kam auch ein Levit zu der Stelle; er sah ihn und ging vorüber. ₃₃Ein Samariter aber, der auf der Reise war, kam zu ihm; er sah ihn und hatte Mitleid, ₃₄ging zu ihm hin, goss Öl und Wein auf seine Wunden und verband sie. Dann hob er ihn auf sein eigenes Reittier, brachte ihn zu einer Herberge und sorgte für ihn. ₃₅Und am nächsten Tag holte er zwei Denare hervor, gab sie dem Wirt und sagte: Sorge für ihn, und wenn du mehr für ihn brauchst, werde ich es dir bezahlen, wenn ich wiederkomme.
₃₆Wer von diesen dreien meinst du, ist dem der Nächste geworden, der von den Räubern überfallen wurde?
Der Gesetzeslehrer antwortete: Der barmherzig an ihm gehandelt hat.
Da sagte Jesus zu ihm: Dann geh und handle du genauso!
Bibel EUE, LK. 10 Auszugsweise

Die bereits erwähnte *Menschenliebe* beinhaltet daher als ein Teil praktizierter Brüderlichkeit Nächstenliebe durch aktives und helfendes Handeln für *a l l e* Menschen.
Es geht dabei nicht um Handlungen von denen man sich irgendwann einen Gegenwert erwartet, sondern die Überwindung von Egoismus als freiwillige, von der eigenen Erkenntnis der Sinnhaftigkeit getragene Handlungsentscheidung, die dem freimaurerischen Ideal von *Menschenliebe* entspricht.

Am Ende jeder gemeinsamen Arbeit heißt es – sinngemäß, je nach Ritual:

„Wehret dem Unrecht, wo immer es sich zeigt, kehrt niemals der Not und dem Elend den Rücken, seid wachsam/achtsam auf euch selbst!"

Das bedeutet einerseits, dass jeder Einzelne in seinem Leben sich jederzeit gegen jede Art von Unrecht stellen und aktiv werden soll. Andererseits darf die Solidarität mit anderen, nicht zur Beschädigung des eigenen Lebens führen.

In den meisten Logen wird am Ende der Arbeit für einen vorher bekanntgegebenen Zweck gesammelt.
Die Ergebnisse solcher Sammlungen sind abhängig vom Grund für die Sammlung und natürlich von der Anzahl der beteiligten Mitglieder, was den Effekt einschränken kann. Unabhängig davon leisten viele Freimaurer persönlich in den unterschiedlichsten Bereichen persönliche und/oder finanzielle Hilfe, ohne diese öffentlich bekannt zu machen.

Die Anstrengungen der Einzelnen und ihrer Logen werden im >> Freimaurerischen Hilfswerk<<, das von den „Vereinigten Großlogen von Deutschland" gegründet wurde, ergänzt, unterstützt und erweitert.
Diese Einrichtung unterstützt die karitativen Initiativen einzelner Logen und fördert Hilfskonzepte für unterschiedlichste Bedürftige.

Eine Auflistung des Hilfswerkes zeigt auf, welche unterschiedlichen Hilfen gewährt werden:
Beispiele in Stichworten zur Linderung der Not hilfsbedürftiger Menschen :

- Unterstützung im Lebensunterhalt Einzelner
- Familienhilfe
- Hospiz-Einrichtungen
- Rollstühle
- Kraftfahrzeuge und Sportgeräte für Behinderte
- Konzerte für Behinderte
- Musikinstrumente zur Förderung von Jugendbegabungen
- Schülerhilfe in Flensburg
- Kindergarten in Altenburg
- Schulspeisungen
- Spenden für den Kinderschutzbund
- SOS-Kinderdorf
- Kinderhilfe in Polen
- Hilfstransport nach Litauen
- Jugendhaus in Slowenien
- Klosterschule in Ungarn
- Krankenhaus in Bulgarien
- Hilfsaktion Ein Dach für Kosovo
- Lepra-Projekt in Afrika
- Menschen für Menschen von Br. Karlheinz Böhm
- Notoperation eines Kindes in Chile
- Projekt Straßenkinder in Argentinien
- Sachspenden für einen Bruder in Lesotho, der dort als Zahnarzt Patienten kostenlos behandelt ...

Quelle: https://www.freimaurer-wiki.de/index.php/Freimaurerisches_Hilfswerkdazu.

Praktizierte *Menschenliebe*, so funktioniert Freimaurerei!

für den Starken ist sie *Vertrauen*

Was macht eigentlich eine „starken Menschen" aus?
Es kann sich hier nur um Persönlichkeitsmerkmale handeln, die
notwendig erscheinen, um eine Gemeinschaft, eine Loge, positiv zu
beleben.Das „Anforderungsprofil" solcher Persönlichkeiten ist, je
nachdem an welcher Stelle man sie im Leben braucht unterschiedlich. Ein
Handwerker muss anderen Anforderungen gerecht werden als ein
Manager und Polizeiarbeit erfordert in der Regel andere Persönlichkeiten,
als die, denen ein Priester entsprechen sollte.
Unabhängig jeder speziellen Qualifikation sollten es sich, im Idealfall, um
Menschen handeln, die

- sich selbst realistisch einschätzen
- über Lebenserfahrung verfügen
- analytisch denken und danach arbeiten
- teamfähig und kreativ sind
- berechenbar = zuverlässig handeln

um nur einige wenige Eigenschaften zu nennen, die solchen Menschen
innewohnen sollten.

Es ist Sinn der Gäste- oder Besucherabende herauszufinden, ob der Be-
"Suchende" über solche oder andere Eigenschaften verfügt und ob seine
Persönlichkeit mit der der Loge kompatibel ist.

Das erklärt, weshalb die meisten Logen Kontakte und
Aufnahmegespräche davon abhängig machen, in welchem Alter ein
Be-„Suchende" ist.
Freimaurerei ist als lebenslanger Bund konzipiert, weshalb beide
Seiten genau prüfen sollten, ob man wirklich über die
Grundvoraussetzungen für eine derartige Entscheidung vorhanden
sind.

Vor dem 21. Lebensjahr wird man üblicherweise nicht aufgenommen. Häufig erwartet man, dass der berufliche und private Lebensweg weitestgehend abgeschlossen ist, damit man den Anforderungen der Logenarbeit gerecht werden kann. Dazu gehört hauptsächlich die Verbesserung der eigenen Persönlichkeit nach der gleichfalls aus England stammenden Devise

Take a good man and make him better

Nimm einen guten Menschen und mache ihn besser

Es ist schwer zu beurteilen, ob die Stärke eines Menschen angeboren ist. Das hängt von zahlreichen Faktoren ab, die eine Persönlichkeit ausmachen können. Bestimmte Fähigkeiten, die zu Stärke führen können, können in der Freimaurerei erlernt oder verbessert werden.
Wie bereits an anderer Stelle erwähnt

Freimaurer nennen das:

„Arbelt am rauhen Stein",

der sie selbst sind.

Wenn Freimaurer ausreichend Stärke besitzen, wozu bedarf es dann noch des Vertrauens?

Der Begriff >Vertrauen< entstammt von Geschichte und Bedeutung von „Treu", „Stark" und „Fest".

Ist man sich einer Sache sicher, muss man nicht vertrauen!

Vertrauen wird immer dann benötigt, wenn Unsicherheit oder Risiken über den Ausgang einer Sache vorhanden sind.
Das kann bei einer Sache, wie bei Personen, von bereits gemachten Erfahrungen abhängig sein.

Bei einer Sache führen Informationen und Erfahrungen zu Entscheidungen. Handelt es sich um personenbezogene Handlungen, kommt es darauf an, ob ich einer anderen Person ausreichend vertraue.

Beispiel: Ein Kind klettert auf einem Spielplatz auf ein Klettergerüst. Sein SELBSTvertrauen gibt ihm die Sicherheit, dass es das kann. Gleichzeitig vertraut es darauf, dass, falls es abstürzt, ihn der unten stehende Vater auffängt.
Dieser vertraut auf seine Aufmerksamkeit und Kraft, sein Kind vor einem möglichen Schaden zu bewahren.

Menschliches Vertrauen ist also das Wechselspiel zwischen der eigenen und einer anderen Persönlichkeit.

Was hat das mit der Logenzugehörigkeit zu tun?

Es ist eine der Grundlagen funktionierender Logen!

Vertrauen erfordert:

→ **gegenseitige Sympathie**

Was emotionale Bindung zwischen den
Logenmitgliedern benötigt. Darin unterscheiden
sie sich von „üblichen Vereinen".

→ **Gemeinschaft zwischen denen, die sich vertrauen**

Es handelt sich um eine „offene Gemeinschaft",
die nur das untereinander gesprochene nicht
öffentlich macht, was das „freimaurerische
Geheimnis" erklärt.

→ **alle verfolgen gleiche Werte und Ziele**

Auch bei unterschiedlichen persönlichen Wegen
oder Erkenntnissen führen die gemeinsamen
Rituale stets auf die Kernaussagen:

Daheim ist sie Güte,
im Geschäft ist sie Ehrlichkeit,
in Gesellschaft ist sie Höflichkeit,
bei der Arbeit ist sie Anständigkeit!
Für den Unglücklichen ist sie Mitleid,
für den Schwachen ist sie Hilfe,
für den Starken ist sie Vertrauen.
Dem Gesetz gegenüber ist sie Treue,
gegen das Unrecht ist sie Widerstand.
Beim Reuigen ist sie Verzeihen,
für den Glücklichen ist sie Mitfreude.
Vor Gott ist sie Ehrfurcht und Liebe.

→ **Unabdingbar**

Offenheit in Wort und Tat

Mitarbeit aller, nicht nur derer in bestimmten Funktionen

Regelmäßiger Meinungsaustausch und Berücksichtigung der Mitglieder aller Grade.
Mitglieder einer Loge sollten Vertrauen in die Redlichkeit der anderen Logenmitglieder haben und erwarten können.
Ist dies nicht der Fall, kann Misstrauen gegenüber den anderen das Klima vergiften. Andere sieht man negativ, ist vorsichtig bis übervorsichtig und verhindert vertrauensvolle Kooperation.
Wer misstrauisch ist, handelt oft in der Erwartung auf Täuschung und Lügen und versucht häufig mit Gleichgültigkeit den Aufgaben der Freimaurerei zu begegnen.
Die Begriffe „Logenkoller" oder „es menschelt" sind Begriffe, die das beschreiben.

Vertrauen verhält sich wie eine Schnittblume!

Einmal abgeschnitten wächst nichts nach.

Dem Gesetz gegenüber ist sie Treue,
gegen das Unrecht ist sie Widerstand

Unter Gesetzen versteht man Rechtsnormen, die menschliches Verhalten in einer Gemeinschaft regeln sollen.

Es sind von der Gemeinschaft der Menschen (Staat) festgelegte und rechtlich verbindliche Vorschriften.

Als eine der ältesten der Menschheit bekannten Gesetzestexte gilt der >>Codex Hammurabi<< des babylonischen Königs Hammurabi.

In 282 Paragraphen wurde den Menschen erklärt, was erlaubt und was verboten ist. Dieses Gesetz war göttlich und unanfechtbar, weil König Hammurabi, wie auf der heute im Louvre(Paris) aufgestellten Stele zu sehen ist, er dieses Gesetz aus der Hand von Gott Schamasch (a.a.O. Marduk) persönlich zur Weitergabe an das Volk erhalten habe.

Lizenz

Der Gesetzestext behandelt die öffentliche Ordnung, versucht den privaten Umgang der Menschen zu regeln und Streitigkeiten in der damals existenziell wichtigen Landwirtschaft durch festgelegte Regeln zu vermeiden.

Es ist bemerkenswert, dass sowohl die jüdische, als auch die christliche Ethik sich auf ein von Gott gegebenes Gesetz beruft. Vor und um das achte Jahrhundert vor Chr. soll Moses auf dem Berg Sinai die in Stein gemeißelten Zehn Gebote empfangen haben:

1. Ich bin der Herr, dein Gott. Du sollst keine anderen Götter haben neben mir.
2. Du sollst den Namen des Herrn, deines Gottes, nicht missbrauchen.
3. Du sollst den Feiertag heiligen.
4. Du sollst deinen Vater und deine Mutter ehren.
5. Du sollst nicht töten.
6. Du sollst nicht ehebrechen.
7. Du sollst nicht stehlen.
8. Du sollst nicht falsch Zeugnis reden wider deinen Nächsten.
9. Du sollst nicht begehren deines Nächsten Haus.
10. Du sollst nicht begehren deines Nächsten Weib, Knecht, Magd, Vieh noch alles, was dein Nächster hat.

Gustave Doré – Moses zurück vom Sinai -gemeinfrei

Auch der Koran soll „gottgegeben" sein, weil Mohammed am Dschabal an-Nur (Berg des Lichts) in der Höhle Hira, seine erste Offenbarung erhalten hat.

Inhaltlich gleicht er den Zehn Geboten:

1. Ihr sollt IHM nichts beigesellen,
2. und den Eltern Güte (erweisen).
3. Tötet nicht eure Kinder aufgrund von Verarmung,
4. Nähert euch nicht den Schändlichkeiten,
5. Tötet nicht das Menschenleben,
6. und nähert euch nicht dem Vermögen des Waisenkindes.
7. Gebt volles Maß und Gewicht nach Gerechtigkeit.
8. Und wenn ihr aussagt, dann seid gerecht,
9. Erfüllt den Bund Gottes.
10. Also folgt IHM und folgt nicht verschiedenen Wegen

Die „ Zehn Gebote" des ‚Koran werden dem spätmekkanischen Teil zugerechnet.   Man findet sie am Ende der 6. Sure „Das Vieh" ,auf arab *Sūrat al-An'ām*.

Grotte Hira, Mekka, gemeinfrei

Rechtsgelehrte mögen darüber streiten, ob > Gebote < wie
> Gesetze < zu beachten sind.
Wer auch Gebote im Sinn der „Goldenen Regel":

Was du nicht willst, das man dir tu, das füg auch keinem andern zu.

oder nach Kants „kategorischem Imperativ"

**„Handle nur nach derjenigen Maxime, durch die du zugleich wollen
kannst, dass sie ein allgemeines Gesetz werde."**

                      handelt, erkennt Gesetze an.

Freimaurer sind, recht verstanden, g e s e t z e s t r e u!
In Gemeinschaften, vor allem die, denen Freimaurer angehören,
besteht eine kulturelle Übereinstimmung mit Anderen, was das Vertrauen.
in und mit diesen Gemeinschaften ausmacht.

Es ist die Bindung an die Idee der Familie, der Kommune, des Landes
und des Staates und schließlich auch an die Idee der Freimaurerei
und der Loge(n).
Diese Verbindung bedeutet nicht zwangsläufig persönliche Vorteile
oder dass jemand mit entsprechenden Gefälligkeiten reagiert.
Es ist eine Grundvoraussetzung, dass Demokratie innerhalb der
Gesellschaft nach den Grundsätzen von

          Freiheit, Gleichheit und Brüderlichkeit

                         *funk*tioniert.

Die Voraussetzung hat Goethe so formuliert:

Vergebens werden ungebundne Geister
Nach der Vollendung reiner Höhe streben.
Wer Großes will, muss sich zusammenraffen;
In der Beschränkung zeigt sich erst der Meister,
Und das Gesetz nur kann uns Freiheit geben.
Goethe „Natur und Kunst"

In der **Allgemeinen Erklärung der Menschenrechte**
vom 10. Dezember 1948 wird dieses, für alle Menschen geltende
Grundrecht in 30 Artikeln ausführlich beschrieben und als verbindlich erklärt.

Auf der nächsten Seite sind die Artikel benannt, bei Interesse entweder auf der
dort angegebenen Seite oder über Wikipedia komplett nachgelesen werden
können.

„Alle Menschen sind frei
und gleich an Würde und
Rechten geboren."

– Art. 1 AEMR – Freiheit,
Gleichheit, Brüderlichkeit

Unsere Menschenrechte

Menschenrechte hat man allein deswegen, weil man ein Mensch ist. Sie gelten also unabhängig vom Ort, an dem ich mich aufhalte, und unabhängig von meiner eigenen Nationalität.

Das wichtigste Dokument ist „**Die Allgemeine Erklärung der Menschenrechte**", die am 10. Dezember 1948 von der Generalversammlung der Vereinten Nationen beschlossen wurde.

Art.1: Alle Menschen sind von Geburt an gleich und frei

Art.2: Niemand darf diskriminiert werden

Art.3: Jeder hat das Recht auf Leben

Art.4: Keine Sklaverei

Art.5: Niemand darf gefoltert werden

Art.6: Jeder hat Rechte, egal wo man hingeht

Art.7: Alle Menschen sind vor dem Gesetz gleich

Art.8: Jeder hat das Recht auf eine faire Behandlung

Art.9: Niemand ungerecht inhaftiert werden

Art.10: Jeder hat das Recht auf eine öffentliche Verhandlung

Art.11: Jeder ist unschuldig, solange nicht das Gegenteil bewiesen wurde

Art.12: Jeder hat ein Recht auf Privatleben

Art.13: Jeder darf sich frei bewegen

Art.14: Recht auf Asyl

Art.15: Jeder hat das Recht auf eine Staatsangehörigkeit

Art.16: Das Recht zu heiraten und eine Familie zu gründen

Art.17: Jeder hat ein Recht auf Eigentum

Art. 18: Recht auf Gedanken-, Gewissens- und Religionsfreiheit

Art.19: Recht auf freie Meinungsäußerung

Art.20: Recht zur friedlichen Versammlung

Art.21: Recht auf Demokratie und freie Wahlen

Art.22: Recht auf soziale Sicherheit

Art.23: Recht auf Arbeit und Schutz der Arbeiter

Art.24: Recht auf Erholung und Freizeit

Art.25: Recht auf Essen, Unterkunft und ärztliche Versorgung

Art.26: Jeder hat ein Recht auf Bildung

Art.27: Kultur und Urheberrecht

Art.28: Jeder hat ein Recht auf eine freie und gerechte Welt

Art.29: Wir alle tragen Verantwortung gegenüber anderen

Art.30: Niemand kann dir die Menschenrechte wegnehmen

Alle Artikel in Langfassung unter: www.menschenrechte.jugendnetz.de

Was hat die Allgemeine Erklärung der Menschenrechte mit Freimaurerei zu tun?

Direkt – **NICHTS!**

Die Inhalte sind allerdings weitgehend deckungsgleich mit dem, was Freimaurer versuchen bei sich selbst zu verwirklichen und in die Gesellschaft(en) zu tragen.
Woher kommt diese Übereinstimmung?
Vielleicht lag es daran, dass Eleanor Roosevelt, die Witwe des US-Präsidenten Franklin D. Roosevelt, der ein bis heute geachteter Präsident ist und engagierter Freimaurer war, wesentlich am Entstehen dieser Erklärung mitgewirkt und die freimaurerischen Ideen ihres Mannes in diese Erklärung eingebracht hat.

Eleanor Roosevelt holding poster of the Universal Declaration of Human Rights (in English), Lake Success, New York. November 1949. CC BY 2.0

Wesentlichen Einfluss an den Inhalten hatte auch der libanesische Philosoph, Diplomat und Freimaurer   Charles Habib Malik (1906-1987), der u. a. den Libanon auf der Konferenz von San Francisco, auf der die Vereinten Nationen gegründet wurden, vertrat.
Quelle:
https://linfordresearch.info/fordownload/World%20of%20Fmy/Nairn%20Middle%20East.pdf

Ein weiterer entscheidender Mitarbeiter an der Allgemeinen Erklärung der Menschenrechte war Peng Chun Chang (1892-1957). Chang und der libanesische Philosoph und Diplomat Charles Malik.

Sie teilten viele Ideale und stritten heftig, wo und wie diese in diesem Dokument zu erfassen seien.

Die Diskussionen waren zum Teil so heftig, dass einige Delegierte den Eindruck gewannen, dass die beiden sich hassen würden.

Es waren keine persönlichen Differenzen sondern die Suche nach bestmöglichen Lösungen, der freimaurerischen Toleranzidee folgend.

Quelle: Auszugsweise https://de.wikipedia.org/wiki/Peng_Chun_Chang#cite_note-2

John Peters Humphrey (1905- 1995), ein Jurist, Professor und Menschenrechtler war 1946 zum Direktor der Abteilung für Menschenrechte des Sekretariats der Vereinten Nationen.

Er war er einer der Initiatoren der Allgemeinen Erklärung der Menschenrechte.

Nach Beratungen des Exekutivkomitees unter Vorsitz von Eleanor Roosevelt verfasste Humphrey den ersten Entwurf der Allgemeinen Erklärung der Menschenrechte. In der Nacht des 10. Dez. 1948 nahm die Generalversammlung der Vereinten Nationen die von Eleanor Roosevelt als „internationale Magna Charta der ganzen Menschheit" bezeichnete Erklärung einstimmig an.

Quelle – https://de.wikipedia.org/wiki/Allgemeine_Erkl%C3%A4rung_der_Menschenrechte

Was versteht man unter *Treue*?

Im Allgemeinen beschreibt sie eine feste innere Bindung zu einem anderen Menschen, wie sich Eheleute oder Lebenspartner die Treue halten, Eltern mit ihren Kindern usw. Unter Treue versteht man aber auch *LOYALITÄT* zu einer Idee, wie die der Demokratie oder den Inhalten der Idee der Freimaurerei.

Treue hat etwas mit Vertrauen, sich selbst trauen, einem anderen etwas zutrauen, jemanden betreuen zu tun.

In den Ritualen werden – symbolisch – die Inhalte und Gesetzmäßigkeiten der Freimaurerei dargestellt und bei jeder Arbeit in Form von dort stattfindenden, immer gleichen Wechselgesprächen wiederholt.

Wer die Inhalte der Rituale nicht nur hört, sondern verinnerlichen kann, lebt ein völlig neues Leben.

Die Initiation, d. h. die Aufnahme in den Bund der Freimaurer wird für den „Suchenden" (Neophyten) durch Einführung in die Gemeinschaft der Loge ein Aufstieg in einen anderen persönlichen Seinszustand.

Wer Treue als Wahrheit empfindet, wird sich selbst und den Gesetzen der Freimaurerei nicht untreu werden. Betrachten wir das, wie Freimaurer Gesetze verstehen und dass sie nach ihren Gesetzmäßigkeiten gesetzestreu sind, erkennt man, dass die diversen Theorien über eine freimaurerische Weltrevolution nicht zutreffen können.

Die Tatsache, dass Diktaturen Freimaurerei verbieten und verfolgen, liegt vermutlich daran, dass die Idee der Freimaurerei eng mit der Aufklärung und den sich daraus ergebenden freiheitlichen Gedanken der Demokratie innerlich verbunden ist.

Seit der ersten päpstlichen Bannbulle
In Eminenti Apostolatus Specula vom 28. 4.1738, mit der
Papst Clemens XII. die Freimaurerei verdammte, wurden den Logen
Herrschaftsgelüste unterstellt.
Es sind hauptsächlich folgende Punkte, auf die sich der päpstliche
Bann bezogen hat:

→   Der Anstoß an der religiösen Toleranz der Freimaurerei, der
        die Aufnahme von „Menschen aller Religionen und Sekten"
        erlaubte,

→   Das unverbrüchliche Stillschweigen,

→   Dass diese geheime Gesellschaft die Ruhe des
        Gemeinwesens störe,

→   Dass die Freimaurerei der Häresie verdächtigt sei und

→   *„aus anderen der Kirche bekannten, gerechten Ursachen"*
        was immer man darunter verstehen wollte.

Es folgten zahlreiche, vor allem kirchliche, Verurteilungen die
Anfang des 20,. Jahrhunderts durch nationalistische Autoren,
z. B. Fr. Wichtl und A. Rosenberg wiederholt und verstärkt
wurden. Die nachweislich gefälschten „Protokolle der Weisen
von Zion" befeuerten den Widerstand gegen die Idee der
Freimaurerei.

1919 wird die Freimaurerei in Ungarn verboten,
1924 erfolgt unter dem Diktator Mussolini ebenfalls deren
Verbot.
1928 folgt das Verbot in Spanien, das bis 1970 aufrecht
erhalten wurde.

Hermann Göring, Reichsluftfahrtminister während der Naziherrschaft, erklärt 1933, dass es im nationalsozialistischen Deutschland keinen Platz für Freimaurerei gibt.
Adolf Hitler schreibt in seinem Buch „Mein Kampf", (S. 345 ff.) dass die Freimaurer ein willfähriges Instrument der Juden und ihrer Sache sei.
Das Innenministerium verbietet die Freimaurerei und ordnet die Beschlagnahme allen Logeneigentums an.

Wer heute im Internet nach „Freimaurerei" sucht, findet ungezählte Datensätze, häufig geschrieben von bekennenden Gegnern der Freimaurerei bis hin zu Menschen, die über keinerlei Wissen zur Freimaurerei verfügen und lediglich „Gehörtes" oder ihre „Meinung" als Fakten darzustellen versuchen.

Der sicherste Weg authentische Informationen über das, was Freimaurerei ausmacht zu erfahren ist, sich an eine der zahlreichen Logen zu wenden.
Bei Gäste- oder Besucherveranstaltungen werden die meisten Fragen beantwortet.

beim Reuigen ist sie *Verzeihen,*

Freimaurerei beinhaltet zahlreiche Symbole und Allegorien. Das Thema ‚Verzeihen' wird in Mozarts Oper „Die Zauberflöte", deren allegorischer Inhalt enthält, dass die freimaurerische Idee die Gesellschaft verbessern kann, durch die Arie des Sarastro „In diesen heil'gen Hallen" treffend dargestellt:

SARASTRO

In diesen heil'gen Hallen
Kennt man die Rache nicht,
Und ist ein Mensch gefallen,
Führt Liebe ihn zur Pflicht.
Dann wandelt er an Freundes Hand
Vergnügt und froh ins bess're Land.

In diesen heil'gen Mauern,
Wo Mensch den Menschen liebt,
Kann kein Verräter lauern,
Weil man dem Feind vergibt.
Wen solche Lehren nicht erfreun,
Verdienet nicht, ein Mensch zu sein.

Text: Emanuel Schikaneder (1751 - 1812)

Zauberflöte Youtube 153 Minuten

für den Glücklichen ist sie Mitfreude.

Der Freimaurer Christian Gottfried, Herausgeber einer Gesamtausgabe von Schillers Werken, bat Schiller um eine ‚Ode an die Freude' für die Tafel der Freimaurerloge „Zu den drei Schwertern" in Dresden.
Der Text dieser Freude über Freunde wird bis heute mit Beethovens später dazu unterlegter Musik vorgetragen

Schillers Text

1. Freude, schöner Götterfunken, Tochter aus Elysium!
Wir betreten feuertrunken, Himmlische, dein Heiligtum.
Deine Zauber binden wieder, was die Mode streng geteilt,
alle Menschen werden Brüder, wo dein sanfter Flügel weilt.
Seid umschlungen, Millionen! Diesen Kuß der ganzen Welt!
Brüder, überm Sternenzelt
|: muß ein lieber Vater wohnen! :|

2. *Wem der große Wurf gelungen, eines Freundes Freund zu sein,*
wer ein holdes Weib errungen, mische seinen Jubel ein!
Ja, wer auch nur eine Seele sein nennt auf dem Erdenrund!
Und wer's nie gekonnt, der stehle weinend sich aus diesem Bund!
Was den großen Ring bewohnet, huldige der Sympathie.
|: Zu den Sternen leitet sie, wo der Unbekannte thronet. :|

Quelle: auszugsweise
https://freimaurer-Wiki.de/index.php/Freude_sch%C3%B6ner_G%C3%B6tterfunken

Vor Gott ist sie Ehrfurcht und Liebe.

Die Freimaurerei lässt jede Religion und alle Philosophie gelten. Sie legt sich nicht einseitig fest.

Die „Alten Pflichten" beschreiben u n d o g m a t i s c h und mit T o l e r a n z wie mit dieses Thema in den Logen behandelt wird.

Von Gott und der Religion

Der Maurer ist als Maurer verpflichtet, dem Sittengesetz zu gehorchen; und wenn er die Kunst recht versteht, wird er weder ein engstirniger Gottesleugner, noch ein bindungsloser Freigeist sein. In alten Zeiten waren die Maurer in jedem Land zwar verpflichtet, der Religion anzugehören, die in ihrem Lande oder Volke galt, heute jedoch hält man es für ratsamer, sie nur zu der Religion zu verpflichten, in der alle Menschen Übereinstimmen, und jedem seine besonderen Überzeugungen selbst zu belassen. Sie sollen also gute und redliche Männer sein, von Ehre und Anstand, ohne Rücksicht auf ihr Bekenntnis oder darauf, welche Überzeugungen sie sonst vertreten mögen. So wird die Freimaurerei zu einer Stätte der Einigung und zu einem Mittel, wahre Freundschaft unter Menschen zu stiften, die einander sonst ständig fremd geblieben wären.

wonach Freimaurer streben

Wer versucht die Frage nach dem Grund seiner Existenz zu beantworten, findet Antworten in der Freimaurerei. Dabei haben sich die Fragen im Laufe der Zeit, entsprechend des jeweiligen Zeitgeistes verändert, die Suche nach einer unveränderlichen Wahrheit – für Freimaurer bleibt diese Suche nach dem Licht der Erkenntnis – die Konstante eines persönlichen Lebensplanes. Schon bei der Aufnahme in den Bund erfährt der Neophyt was er zu tun hat.

Der Leitgedanke des ersten Grades lautet

Schau in Dich

Die „moderne Freimaurerei" bedient sich der Symbolik des Bauhandwerkes, weshalb der erste Grad „Lehrling" genannt wird. Daneben fließen uralte symbolische Elemente philosophischer wie alte mystische Ideen ein, deren Inhalte nicht Teil der freimaurerischen Idee sind, diese aber unterstützen.
Der Lehrling soll in seinem Grad sich selbst kennenlernen, sich seiner Stärken und Schwächen bewusst werden und versuchen, s e i n e n *rauhen Stein* zu glätten.

Der Denker.jpg.gemeinfrei

Das wesentliche Instrument dazu ist das Ritual. In diesen sich immer wiederholenden Wechselgesprächen zwischen dem Meister vom Stuhl und seinen Beamten werden Symbole, Allegorien und Anforderungen der Freimaurerei als die notwendigen „Werkzeuge" erklärt. Der Lehrling lernt damit seine charakterliche Entwicklung voran zu treiben und sich selbst zu verbessern.

Für den Lehrling ist es wichtig, mit seinem Bürgen, der ihm von der Loge zur Seite gestellt wurde permanent Kontakt zu halten. Der Bürge führt und leitet ihn besonders in der Lehrlingszeit, steht ihm mit Rat und Tat bei und hilft auch bei schwierigen Situationen weiter. Der Bürge ist ein erfahrener Meister. Zwischen dem Lehrling und seinem Bürgen baut sich in der Regel ein Vertrauensverhältnis auf, das meist über die Zeit, wenn die Bürgschaft mit der Erhebung des heutigen Lehrlings zum Meister endet, hinaus – oft lebenslang hält.
Die Aus- und Weiterbildung der Lehrlinge liegt in der Hand des zweiten Aufsehers, der neben dem Bürgen für den Lehrling eine weitere Unterstützung ist und ihm bei Fragen ebenfalls weiterhelfen kann.
Am Ende der Lehrzeit fasst der Lehrling in einer „Zeichnung", d. h. einem Vortrag, den er in geöffneter Loge halten muss, seine Erfahrungen, die er in dieser Zeit gesammelt hat, zusammen.
Dabei sollte er seinen Weg und die Arbeit an *seinem* rauhen Stein schildern und beschreiben welche Symbole ihm dabei behilflich sein konnten.

Es ist üblich, diese Zeichnung vom Bürgen und dem zweiten Aufseher während der Entstehung „begleiten zu lassen". Nicht um Inhalte zu zensieren, sondern um bei offenen Fragen des Lehrlings gemeinsame Klärung herbei zu führen.

Ehe die „Zeichnung" aufgelegt wird, erhält der Redner der Loge das Dokument, um es später zu archivieren.

Das Motto des zweiten Grades lautet

Schau um Dich

Hat der Lehrling durch entsprechende Arbeit an sich selbst intensiv gearbeitet, kann und darf er den nächsten Schritt gehen.

Er geht – alleine – „auf Reisen" um andere Logen zu besuchen, andere Arbeiten zu erleben, fremde Ansichten zu erfahren oder auch die verschiedenen Freimaurersysteme kennenzulernen um durch die Kenntnis anderer Meinungen Toleranz zu lernen.

Dabei wird er erfahren, dass die unterschiedlichen Systeme in denen die Logen organisiert sind, andere Schwerpunkte in ihren Arbeiten setzen, die nicht immer seinen Neigungen oder denen seiner Logen entsprechen.

Das Bild „Die Struktur der Freimaurerei" stellt wesentliche > Lehrarten < mit ihren Graden vor.

Das gemeinsame Ziel all dieser verschiedenen Systeme ist der Aufbau des Einzelnen.

Dazu gehört die Verbesserung der Allgemeinbildung, dass man Meinung und Wissen anderer vorbehaltlos anhört.

Die Verbesserung eigener, grundlegender intellektueller Fähigkeiten um Zusammenhänge und Ursachen zu erkennen.

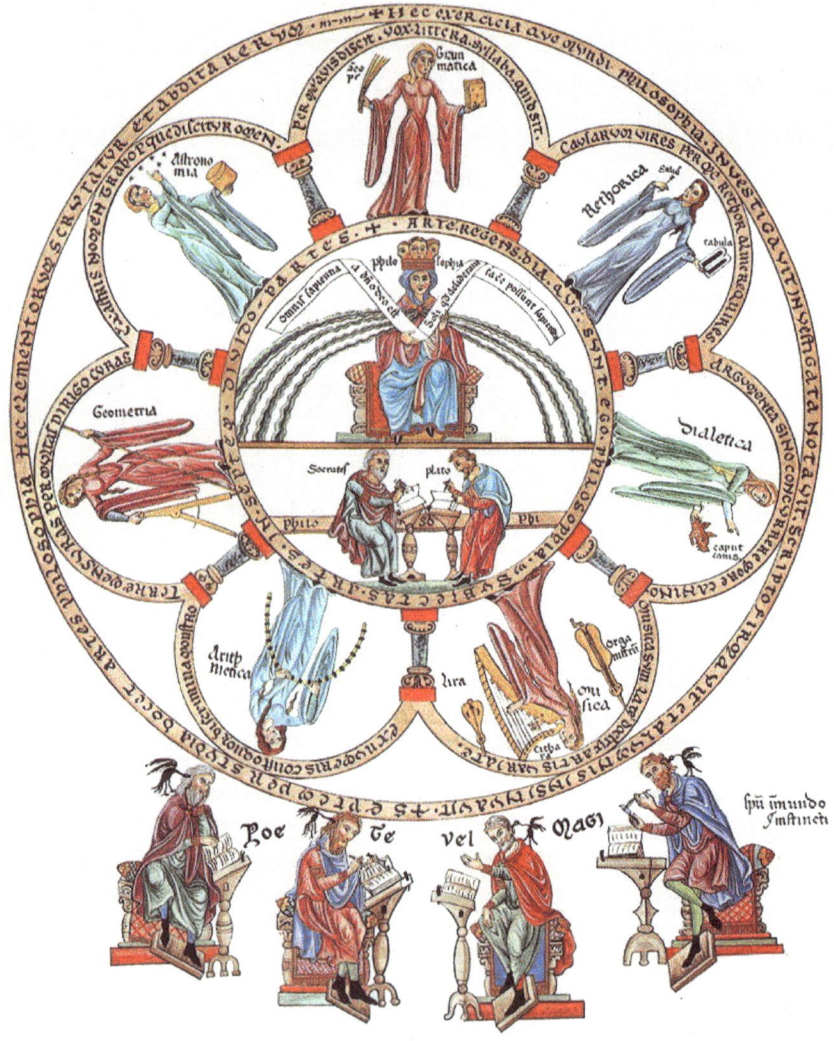

Quelle: Datei Hortus Deliciarum, Die Philosophie mit den sieben freien Künsten, gemeinfrei ,

Der Austausch mit anderen Wissensbereichen erweitert den Horizont und führt zur Reflexion des persönlichen Sozialverhaltens.

In der „Zeichnung" des Gesellen muss er seine Position und sein Verhältnis zu anderen erklären können.

Das belegt sein Wissen und beschreibt seine Erkenntnisse auf dem Weg zum freimaurerischen Licht.

Nicht nur für sich, sondern zur Erhaltung und Weitergabe dieser Erfahrungen der ihm nachfolgenden, als *MEISTER*.

Die bisher erfahrenen Grade haben, im Idealfall, zur Selbsterkenntnis und zur Erweiterung des Wissens geführt.
Damit ergibt sich die Erfahrung der eigenen Endlichkeit und der sich anschließenden Frage ob es ein „Danach" gibt.
Die freimaurerischen Rituale _„erheben zum Meister"_!
Es ist die Erweiterung des Bewusstseins vom materiellen zum geistigen Denken.
Dem Meister ist aufgetragen

Schau über Dich

Freimaurerei ist keine Religion oder Religionsersatz, setzt aber die Anerkennung eines „Supreme Being", eines höheren Wesens voraus.

Quelle: NASA, gemeinfrei Comets Kick up Dust in Helix Nebula (PIA09178).jpg

Was verstehen Freimaurer unter diesem Synonym, das im deutschsprachigem Raum als

„Großer Baumeister aller Welten"

bezeichnet wird?

Diese universelle Bezeichnung eines Unfassbaren ist aus der Bauhüttentradition erklärbar. Sie ermöglicht es jedem, der ein „höheres Wesen" akzeptiert, dies ohne konkrete oder konfessionelle Festlegung anzuerkennen.
Es ist ein Symbol für etwas, das nicht beschreibbar ist.
Albert Pike (1809-1891), amerikanischer Südstaatengeneral und Freimaurer. Seit 1859 war er „Souveränen Großkommandeur" des Obersten Rates der „Südlichen Jurisdiktion des Alten und Angenommenen Schottischen Ritus von Nordamerika".
Sein Verhältnis zur Religion war sehr kritisch, er verleugnete seinen protestantischen Glauben allerdings nicht.
Was die Symbolik, insbesondere die ab dem Dritten, dem Meistergrad betrifft, äußerte er sich in seinem Hauptwerk *Morals and Dogma* (Übersetzung in die deutsche Sprache vom Autor)S.67:
Um die Symbole und Allegorien der orientalischen Bücher nur als „vor-historisch" wörtlich zu verstehen, bedeutete vorsätzlich die Augen vor dem Licht der Erkenntnis zu verschließen. Die Symbole zu trivialisieren, wäre ein Verfall in die Mittelmäßigkeit. Jeder religiöse Ausdruck ist Symbolik, da wir nur das beschreiben können, was wir sehen und die wahren Gegenstände der Religion sind die, die wir erkennen. Die frühesten Bildungsinstrumente waren Symbole. Sie und alle anderen religiösen Formen unterscheiden sich immer noch nach äußeren Umständen und Bildern und je nach Wissensunterschieden und geistiger Kultivierung……[Wörter haben, in erster Linie, einen materiellen Sinn, wofür immer sie verwendet werden, für die Unwissenden, einen spirituellen Nicht-Sinn].

Der Auftrag des „*Schau über Dich*" ist symbolisch im Hexagramm wiederzufinden. Es ist ein uraltes Symbol und stellt die Vereinigung der materiellen mit der geistigen Welt dar.

Leningrad Codex Teppich Seite.jpg erstellt:1008 gemeinfrei

In den ersten drei Graden, Lehrling, Geselle und Meister sind sämtliche Elemente der Freimaurerei enthalten.
Sie werden als die *symbolische* aber auch als *blaue Maurerei* bezeichnet. Sie sind benannt nach ihrem Schutzpatron, St. Johannis dem Täufer, was sie als die *Johannisgrade* kennzeichnet, die in *Johannislogen* arbeiten. Am 24. Juni 1717 entstand in England die erste Freimaurergroßloge. Dieser Tag gilt als das offizielle Gründungsdatum der „modernen" Freimaurerei.
Seitdem feiern weltweit alle Freimaurer um den 24. Juni das Johannisfest. Ihre Embleme tragen die blaue Farbe.

Immer wieder wird die Frage nach den „Hochgraden" der Freimaurerei gestellt.

Sie sind eine Erweiterung der ersten drei Grade, die bereits alles enthalten was Freimaurerei ausmacht, weshalb Hoch- oder Weiterführende Grade für ein freimaurerisches Leben nicht zwingend notwendig sind.

Über die Hochgrade in der Freimaurerei wurde schon immer wild spekuliert. Für die Einen sind es die „Drahtzieher im Hintergrund", die Anderen halten sie für eitle, aber unbedeutende Mitglieder einer kleinen Gruppe, die damit ihr Ego aufpolieren wollen. Wer sich mit Freimaurerei aber intensiv beschäftigt erkennt, dass sich in den Hochgraden Perspektiven eröffnen, die es dem Freimaurer ermöglichen ihre Aufgabe als Meister besser zu erkennen, ihr Wissen zu vertiefen um schließlich damit nicht nur dem eigenen Leben, sondern vielleicht auch anderen, Sinn und Aufgabe zu vermitteln. Jahrmarkt der Eitelkeiten oder Hohe Schule der Erkenntnis – wen es interessiert erfährt hier näheres:

Jahrmarkt der Eitelkeiten oder Hohe Schule der Erkenntnis? Sinn-Inhalte der Hochgradfreimaurerei ISBN 9783748140481

Sind Freimaurer sich in diesen Regeln einig?

Es gibt keine für *alle* Freimaurer gültigen festgelegten Regeln. Was die Grundregeln der Freimaurerei angeht, spaltet sich die maskuline Freimaurerei in eine von England, Schottland und Irland anerkannte und eine (von diesen Großlogen) nicht anerkannte Freimaurerei. Die von den Großlogen in England, Schottland und Irland anerkannte Freimaurerei hat sich auf die sogenannten Basic Principles geeinigt. Jedoch hatte der Text von 1929 so viele unbestimmte Rechtsbegriffe, dass bereits 20 Jahre später im Jahr 1949 der nächste Text „Aims and Relationships" erforderlich war und veröffentlicht wurde.Diese zwei Texte regeln die Grundregeln der sog. „anerkannten" Freimaurerei.

Darüber hinaus legen die Großlogen in Ihren Satzungen fest, welche weiteren historischen Texte ausschlaggebend sind. So erkennt die größte deutsche anerkannte Großloge in Deutschland die Großloge der Alten Freien und Angenommenen Maurer von Deutschland zusätzlich die „Alten" Pflichten von 1723 an, die jedoch nur Pflichten heißen.

Der Begriff der „Alten Pflichten" wurde erst später von einer anderen englischen Großloge eingeführt, hat sich jedoch im Sprachgebrauch durchgesetzt.

Auch die schottische Großloge bezieht sich auf die „Alten" Pflichten von 1723. Dagegen bezieht sich die Vereinigte Großloge von England auf die „Alten" Pflichten von 1815, die regelmäßig angepasst wird und derzeit in ihrer Version aus dem Jahr 2022 vorliegt.

Bei allen, „nicht (von England, Schottland und Irland) anerkannten" Großlogen liegen diese die Grundregeln ausschließlich in Ihren Satzungen oder Gesetzen fest.

Quelle: https://wolfstieg-gesellschaft.org/grundregeln-der-freimaurerei/

Zum vollen Verständnis dafür was darin beschrieben wird, ist es sinnvoll jetzt den Text vorzustellen, damit die Gründe für den heutigen Umgang mit den verschieden interpretierten Textvarianten klar werden.

Der vollständige Text findet sich hier:

https://www.freimaurer-wiki.de/index.php/Alte_Pflichten#Die_Alten_Pflichten_von_1723

Es gibt mehrere, unterschiedliche Übersetzungen der

Alten Pflichten

von Rev. James Anderson aus dem Jahre 1723.

Auch wenn von manchen Logen sie nicht als ein wirkliches „Grundgesetz" Logen betrachtet werden, sind diese „Pflichten" ein wichtiger Orientierungspunkt für viele Freimaurer.

Quelle: https://it.m.wikipedia.org/wiki/File:Anderson%27sConstitutions.jpg, gemeinfrei

Von Gott und der Religion

Der Maurer ist als Maurer verpflichtet, dem Sittengesetz zu gehorchen; und wenn er die Kunst recht versteht, wird er weder ein engstirniger Gottesleugner, noch ein bindungsloser Freigeist sein.

Von der obersten und den nachgeordneten staatlichen Behörden

Der Maurer ist ein friedliebender Bürger des Staates, wo er auch wohne oder arbeite. Er darf sich nie in einen Aufstand oder eine Verschwörung gegen den Frieden oder das Wohl seiner Nation verwickeln lassen und sich auch nicht pflichtwidrig gegenüber nachgeordneten Behörden verhalten.

Von den Logen

Die Loge ist der Ort, wo die Maurer zusammenkommen und arbeiten. Daher nennt man dann jene Versammlung oder gehörig eingerichtete Gesellschaft von Maurern eine Loge. Jeder Bruder muss einer solchen angehören; er ist an ihre Satzung und die allgemeinen Anordnungen gebunden.

Von Meistern, Aufsehern, Gesellen und Lehrlingen

Jedes Vorrecht unter Maurern gründet sich allein auf wahren Wert und persönliches Verdienst, damit die Bauherren gut bedient werden, die Brüder sich nicht schämen müssen und auf die Königliche Kunst kein Schatten falle. Kein Meister oder Aufseher wird deshalb wegen seines Alters gewählt, sondern allein um seines Verdienstes willen.

Von der Leitung der Bruderschaft bei der Arbeit

Alle Maurer sollen an den Arbeitstagen rechtschaffen arbeiten, damit sie an den Feiertagen in Ehren leben können; die durch Landesgesetz angeordnete oder durch Herkommen festgelegte Arbeitszeit ist einzuhalten. Der erfahrenste Geselle soll zum Meister oder Aufseher über das Werk für den Bauherrn gewählt oder ernannt werden. Wer unter ihm arbeitet, soll ihn Meister nennen.

Vom Betragen – nämlich

1. in geöffneter Loge
Ihr sollt keine privaten Beratungen und keine gesonderten Besprechungen abhalten, ohne dass es euch der Meister erlaubt. Auch sollt ihr nicht vorlaut und taktlos über etwas reden und den Meister, die Aufseher oder einen Bruder, der mit dem Meister spricht, nicht unterbrechen.

2. nach geschlossener Loge, wenn die Brüder noch beisammen sind
Ihr könnt noch in harmloser Fröhlichkeit zusammenbleiben, einander bewirten, wie es eure Verhältnisse euch gestatten, sollt dabei aber jedes Übermaß vermeiden.

3. wenn Brüder ohne Profane zusammenkommen, aber nicht in der Loge
Ihr sollt einander höflich grüßen, so wie man es euch zeigen wird, sollt euch Bruder nennen, euch ungezwungen gegenseitig unterrichten, wenn es angebracht erscheint, aber darauf achten, dass man euch nicht zufällig beobachtet oder belauscht.

4. in Gegenwart von Profanen
Mit Worten und in eurem Auftreten sollt ihr vorsichtig sein, so dass auch der scharfsinnigste Fremde nicht ausfindig machen kann, was sich zur Weitergabe nicht eignet; manchmal müsst ihr auch einem Gespräch eine andere Richtung geben und es geschickt zum Besten der ehrwürdigen Bruderschaft führen.

5. daheim und in der Nachbarschaft
Ihr sollt so handeln, wie es sich für einen anständigen und klugen Menschen gehört.

6. gegenüber einem unbekannten Bruder
Ihr sollt ihn zurückhaltend in einer Weise prüfen, wie eure Vorsicht es angebracht erscheinen lässt, damit ihr nicht von einem unwissenden Betrüger zum Narren gehalten werdet.

Zum Abschluß:

Alle diese Pflichten sollt ihr euch zu eigen machen und ebenso weitere, die euch noch auf andere Weise mitgeteilt werden; so pflegt ihr die brüderliche Liebe, die der Grundstein und der Schlussstein, das uns alle verbindende Band und der Ruhm unserer alten Bruderschaft ist, und vermeidet Zank und Streit, üble Nachrede und Verleumdung. Auch sollt ihr nicht dulden, dass andere Schlechtes über einen redlichen Bruder reden, sondern sollt ihn verteidigen und ihm helfen, soweit ihr es vor eurer Ehre und eurem Gewissen verantworten könnt, doch nicht mehr. Und wenn euch irgendein Bruder Unrecht tut, so sollt ihr euch an eure eigene oder an seine Loge wenden. Erst dann könnt ihr an die Vierteljahresversammlung der Großloge appellieren und endlich gegen deren Entscheidung die Jahresversammlung der Großloge anrufen, wie es der alte löbliche Brauch unserer Vorfahren in jeder Nation war. Führt nur dann einen Prozess, wenn der Fall nicht anders entschieden werden kann. Geduldig sollt ihr dem ehrlichen und freundschaftlichen Rat des Meisters und eurer Genossen folgen, wenn sie es versuchen, euch von einem Rechtsstreit mit Profanen abzuhalten oder euch dringend darum bitten, schwebende Verfahren möglichst schnell abzuschließen, damit ihr euch mit umso größerem Eifer und Erfolg der Aufgabe der Maurerei widmen könnt. Liegen aber doch Brüder und Genossen vor Gericht im Streit, so sollen Meister und Brüder in aller Freundschaft ihre Vermittlung anbieten, die von den streitenden Brüdern dankbar angenommen werden sollte. Wenn das untunlich bleibt, dann sollen sie ihren Prozess vor Gericht ohne Leidenschaft und Erbitterung – wie es so oft geschieht – führen und nichts sagen oder tun, das brüderlicher Liebe entgegensteht und es verhindert, dass gute Dienste erneut angeboten oder fortgesetzt werden: damit alle den segensreichen Einfluss der Maurerei erkennen können, wie ihn alle wahren Maurer erkannt haben von Beginn der Welt und erkennen werden bis ans Ende der Zeit.

Der vorliegende Text folgt der 1966 von Kirchmeyer, Möller, Vollkammer und Bona im Auftrag der Großloge A.F.u.A.M.v.D. besorgten Übersetzung.

Quelle: https://www.freimaurer-wiki.de/index.php/Alte_Pflichten

Diese Pflichten wurden seit ihrer Niederschrift mehrfach
(um)interpretiert. Die Ausrichtung auf die Belange der
Steinmetzbruderschaft ist unverkennbar und wurde in manchen
Punkten nicht mehr zeitgemäß, bzw. von den gesellschaftlichen und
beruflichen Entwicklungen überholt. Die Besonderheit, dass der mit
der Formulierung und Niederschrift betraute Reverend James
Anderson ein Mitglied einer kirchlichen Gemeinde war. deren
Anhänger wegen ihrer abweichenden Glaubensinhalte, von ihrer
Amtskirche getrennt waren, führt bis heute zu anhaltenden
Diskussion zum wichtigen ersten Artikel >Von Gott und den
Religionen<.
Mir scheint, dass der entscheidende Satz zum Thema Gott und die
Religionen dort steht:
*[...........heute jedoch hält man es für ratsamer, sie nur zu der
Religion zu verpflichten, in der alle Menschen Übereinstimmen, und
jedem seine besonderen Überzeugungen selbst zu belassen.]*
Für Freimaurer sollte es die

©Jutta Remy

die mehrfach zitierte Menschenliebe sein.

Dieser Begriff ist ein verbindlicher Grundsatz der Freimaurerei und kann, unabhängig von einer persönlichen Glaubenseinstellung von Menschen, als Prinzip anerkannt werden.

Religion ist und bleibt Privatsache.

Sittliches Handeln findet unabhängig vom persönlichen Glauben statt.

Atheisten werden sich m.E. in der Freimaurerei nicht wohlfühlen können, weil die Anerkennung eines „Supreme Being" gefordert ist und die Ritualinhalte darauf Bezug nehmen, was bei Atheisten zu Irritationen führen dürfte.

Die Aussagen zum Verhältnis der Freimaurer zu ihrem Staat werden häufig, vor allem von Kritikern der Freimaurerei, falsch gedeutet. Anerkennung und Respekt vor der staatlichen Gesetzgebung ist selbstverständlich, endet aber dort, wo Menschenrechte und Humanität missachtet werden. Historisch betrachtet, waren es häufig Freimaurer, die für diese Rechte in ihren Staaten gekämpft haben.

Bekannt sind George Washington, Benjamin Franklin, USA, Freiherr von Stein, General Blücher, Deutschland oder in Italien Guiseppe Mazzini, Guiseppe Garibaldi die sehr stark für die Wiederherstellung eines unabhängigen Nationalstaates kämpften, um die Freiheitsrechte zu erlangen, die in der Erklärung der Menschenrechte von 1789 deklariert und sich durch den *Code Civil* des Napoleon Bonaparte als Idee in Europa weit verbreitet haben. Der damals Italien weitgehend beherrschende Vatikan wurde durch die Arbeit dieser Brüder in seiner Macht reduziert, was die Feindschaft der Kirche zur Freimaurerei bestärkte.

Es soll nicht nur auf ehrenvolle, aber lange verstorbenen Freimaurer hingewiesen werden, die sich für die Idee der Freimaurerei aktiv einsetzten, sondern auch auf die zeitgenössischen, die aus dem deutschen Sprachraum stammenden.

Thomas Dehler * 1897 - † 1967, Vizepräsident des deutschen Bundestages, bayerische Generalstaatsanwalt, führender FDP-Politiker, Burschenschafter, Freimaurer. Dehler war er Rechtsanwalt in München und Bamberg. Bis 1933 gehörte er der Deutschen Demokratischen Partei, dann der Widerstandsbewegung gegen die Naziherrschaft an. Er hat sich zeitlebens im Sinn von Freiheit, Gleichheit und Brüderlichkeit in der Politik eingesetzt.

Holger Börner * 1931 - † 2006, war ein deutscher Politiker (SPD).Er erlernte den Beruf des Betonfacharbeiters, engagierte sich bereits früh gewerkschaftlich für seine Kollegen. Politisch lenkte ihn sein Weg von der Kasseler Stadtverordnetenversammlung in den Bundestag. Ministerielle Ämter führten ihn bis in das von Willy Brand geführte Kabinett. In der Zeit *1976 bis 1987 hatte er das Amt des* hessischen Ministerpräsidenten inne und war 1986-187 Bundesratspräsident. Zahlreiche Ehrungen belegen, wie sehr seine auf die Menschen ausgerichtete Lebenshaltung anerkannt wurde, auch wenn er nicht immer unumstritten war.

Karlheinz Böhm * 1928 - † 2014, Schauspieler, Freimaurer, dessen Engagement in Äthiopien mit seiner von ihm ins Leben gerufenen Stiftung

– Menschen für Menschen –

seit mehr als 40 Jahren MenschenMittel zur Selbsthilfe zur Verfügung stellt. Böhm selbst lebte mehrere Monate im Jahr unter einfachen Bedingungen in Äthiopien.
Für sein Engagement erhielt er zahlreiche Preise und Ehrungen.
So verlieh ihm im Jahr 2003 der äthiopische Staatschef
Meles Zenawi als erstem Ausländer die Ehrenstaatsbürgerschaft.
„Unerbittlichen Kämpfer für Gerechtigkeit", heißt es in einer Erklärung der Stiftung in München. Ein bekennender Freimaurer.
Nach Karlheinz Böhms Tod schrieb der Freimaurer-Blogger Philip Militz: Erst letztens habe ich wieder gehört, dass sich Karlheinz Böhm angeblich nie öffentlich zur Freimaurerei bekannt haben soll.
Von wegen! In seiner lesenswerten Autobiographie »Mein Weg« von 1991 findet sich folgendes ›Bekenntnis‹:

»Noch immer galt es in Österreich als unstatthaft, sich als Künstler zu engagieren. Ich kannte nur einen Kollegen von mir, der so etwas tat, und das war Fritz Muliar. Später entdeckten wir durch einen Zufall, dass wir beide im Freimaurerbund waren. Ich war dieser esoterischen Vereinigung Ende der sechziger Jahre beigetreten, zu deren Grundsätzen es allerdings gehört, dass man sich nicht öffentlich dazu bekennt, sondern nur im geheimen wirkt. Es war eigentlich mein erster Versuch, meine humanitären Gedanken in die Praxis umzusetzen und ›am harten Stein zu arbeiten‹, wie es in der Sprache der Freimaurer heißt.« https://www.freimaurer-wiki.de/index.php/Deutschland#Zeitgen.C3.B6ssische_Pers.C3.B6nlichkeiten

Hier finden sich weitere Hinweise auf Freimaurer und deren Engagements.

Nach den *Alten Pflichten* können sich Freimaurer/Innen nur selbst outen. Nach ihrem Tod entfällt i.d.R. dieses Verbot.

Die Pflichten verbieten ausdrücklich **Streitgespräche** über *Religion, Nation oder Politik* in der Loge. Diskussionen über Konfessionen, Nationalismen oder unterschiedliche politische Positionen sind in Logen geächtet.
Es ist schwierig nach einem Vortrag, Zeichnung über diese Themen offen, sachlich und emotionsfrei miteinander zu diskutieren und es bedarf großer Disziplin und man trotzdem häufig Gefahr läuft, dass die notwendige Ordnung nicht eingehalten wird.

Gottfried Ephraim Lessing hat in der „RINGPARABEL" mit der Aussage des Richters, der einen Streit über die Kraft von drei als gleichwertig von einem Vater an seine Söhne übergebenen Ringe so beendet:

> Und also; fuhr der Richter fort, wenn ihr
> Nicht meinen Rat, statt meines Spruches, wollt:
> Geht nur! – Mein Rat ist aber der: ihr nehmt
> Die Sache völlig wie sie liegt.
> Hat von Euch jeder seinen Ring von seinem Vater:
> So glaube jeder sicher seinen Ring
> Den echten.

Mit dieser Toleranz zu anderen Meinungen handeln Freimaurer – wenn sie es recht verstehen.

Sind bei den Freimaurern Mitglieder mit Behinderungen zugelassen? Im Mittelalter wurde ein Kandidat für die Freimaurerei (ein Lehrling) disqualifiziert, wenn er als Folge seiner Arbeit eine Behinderung hatte (Gliedmaßen, Augenlicht usw.). Vor dem Ersten Weltkrieg wäre jede Art von Behinderung oder Gebrechen an den meisten Orten ein Ausschlusskriterium gewesen. Im Ersten Weltkrieg zogen viele Männer in den Krieg und kamen mit fehlenden Gliedmaßen, fehlendem Augenlicht usw. zurück. Die damaligen Führer der Freimaurerei erkannten, dass es sich bei diesen Männern um gute Menschen handelte, die sowohl der Freimaurerei dienen, als auch von ihr profitieren würden. Sie entfernten einen Großteil der Funktion des gegenseitigen Nutzens aus der Bruderschaft und verlagerten den Schwerpunkt auf den brüderlichen sozialen Aspekt.

In der spekulativen Freimaurerei (der modernen Freimaurerei) werden solche Disqualifizierungen nicht mehr durchgesetzt. Wer heute auf Gehhilfen, Rollstuhl angewiesen oder z.B. blind ist, kann dem Bund beitreten.

Bis in das 20. Jahrhundert wurde die Aufnahme von Juden in die Freimaurer verhindert. Grundlage dafür waren die > Landmarks and Old Charges < dort heißt es zur Qualifikation Eines Kandidaten, dass er ein Mann, unbeschnitten, umgänglich, frei geboren und in reifem Alter, sein muss.

Quelle: http://www.freemasons-freemasonry.com/doron.html

Auch diese Vorschriften werden, was das körperliche betrifft, heute nicht mehr beachtet.

Ein spezielles Problem – Frauen als Freimaurer

In den „Alten Pflichten" gibt es hierzu eine klare Aussage:

Bei ‚von den Logen' heißt es:

> Die als Mitglieder einer Loge aufgenommenen Personen
> müssen gute und aufrichtige Männer sein, von freier
> Geburt, in reifem und gesetztem Alter, keine Leibeigenen,
> keine Frauen, keine sittenlosen und übel beleumdeten
> Menschen, sondern nur solche von gutem Ruf.

Men bedeutet im englischen nicht nur MANN, sondern gleichzeitig auch **MENSCH**, was im Widerspruch zur der sich anschließenden Bemerkung in den „Pflichten" – *no Women* – keine Frauen, steht. Manche maskuline Großlogen und Logen haben erkannt, dass Frauen ebenso gute, reguläre Freimaurerinnen sein können, wie das Männern unterstellt wird. Eine reine „männerbündische Freimaurerei" entspricht nicht dem Gedanken der Emanzipation. Wer je eine Arbeit mit Freimaurerinnen erlebt hat, erkennt, von welch' hoher Qualität diese Arbeiten sein können. Mehr als zwei Generationen von Freimaurerinnen haben dies in Deutschland bewirkt. Freimaurerinnen arbeiten mittlerweile erfolgreich bundesweit. In der Frauen-Großloge von Deutschland sind mehr als 30 feminine Freimaurerlogen zusammengeschlossen. Durch die Mitgliedschaft im „CLIMAF (Centre de Liaison International de la Maçonnerie Féminine) ist die Zusammenarbeit auf europäischer Ebene, einschließlich zu der in England ansässigen Frauengroßloge gewährleistet.

Die Vereinigte Großloge von England (engl. United Grand Lodge of England, abgekürzt UGLE oder UGLoE) ist die Dachorganisation der Freimaurerei in England und Wales.

Zum Thema Frauen und Freimaurerei hat sie sich hier geäußert:
http://www.masonicinfo.com/women.htm

> *„In England und Wales gibt es mindestens zwei Großlogen nur für Frauen. Abgesehen davon, dass diese Körperschaften Frauen zulassen, sind sie, soweit festgestellt werden kann, ansonsten in ihrer Praxis regulär (Hervorhebung hinzugefügt!). Es gibt auch eine, die sowohl Männer als auch Frauen als Mitglieder zulässt. Sie werden von dieser Großloge nicht anerkannt, und es darf keine Gegenbesuche geben. Es finden jedoch von Zeit zu Zeit informelle Gespräche mit den Frauen-Großlogen über Angelegenheiten von gemeinsamem Interesse statt. Es steht den Brüdern daher frei, Nicht-Freimaurern auf Nachfrage zu erklären, dass die Freimaurerei nicht auf Männer beschränkt ist (auch wenn diese Großloge selbst keine Frauen zulässt). Weitere Informationen über diese Einrichtungen können beim Großsekretär eingeholt werden.“*

> *„Der Vorstand ist sich auch bewusst, dass es andere Körperschaften gibt, die nicht direkt die reine antike Freimaurerei imitieren, aber implizit die Freimaurerei einführen, wie z.B. der Orden des Eastern Star. Die Mitgliedschaft in solchen Körperschaften, die Teilnahme an ihren Sitzungen oder die Teilnahme an ihren Zeremonien ist mit der Mitgliedschaft in dieser Großloge unvereinbar.“*

Mehr lesen…hier

Zum Thema der „Gemischten Freimaurerei", also Logen in denen Männer und Frauen gemeinsam arbeiten, hat die UGLE derzeit einen Standpunkt. Der Vollständigkeit halber weise ich hier darauf historisch hin:

Gemischte Freimaurerei

Doch seit wann existiert die „gemischte" Maurerei, in der Frauen und Männer gleichberechtigt an den rituellen Arbeiten teilnehmen dürfen? Tatsache ist, dass in den alten Handwerksrollen der Bauhütten oft auf weibliche Mitglieder hingewiesen wird, obwohl es gern verschwiegen wird. Dass das Gelöbnis des Lehrlings in früheren Zeiten den Satz enthielt:"... das Geheimnis des Meisters und seiner Dame zu hüten..." kommt sicherlich auch nicht von ungefähr.

Glaubt man der maurerischen Geschichtsschreibung, so war die erste Frau die in die Freimaurerei eingeweiht wurde Mrs. Aldworth St. Ledger aus Newmarket. Im Jahre 1718 geboren, war sie das jüngste Kind und die einzige Tochter von Sir Arthur St. Ledger. Ihr Vater und ihr Bruder waren beide Mitglieder der Lodge Nr. 44, einer aristokratischen Eliteloge, die sich regelmäßig im Haus ihrer Eltern traf. Sie war ein neugieriger Teenager und es interessierte sie sehr, was ihr Vater und Bruder mit den anderen Brüdern so geheimnisvolles taten. Es wird berichtet, dass sie während mehrerer Treffen der Loge zwei Steine aus der Wand des angrenzenden Zimmers löste und zusah. Sie erhielt so Kenntnisse in den Ritualen der ersten zwei Grade. Einmal war sie unvorsichtig und warf einen Stuhl um, was von den Brüdern der Loge bemerkt wurde. Nachdem sie zwei volle Stunden eingesperrt wurde, und die Loge den Fall

diskutierte, wurde sie vor die Wahl gestellt getötet oder aufgenommen zu werden. Sie entschied sich für die Aufnahme und blieb Mitglied der Loge bis zu ihrem Tode im Alter von 95 Jahren.

Die moderne Geschichte der „gemischten" Freimaurerei beginnt am 14.Januar 1882, als die bekannte Autorin, Politikerin und Frauenrechtlerin Maria Deraismes in die Loge „Les Libres Penseurs" aufgenommen wird.

Der Meister vom Stuhl, Br.: Houbron 18°, feiert dieses Ereignis in seiner Rede als „...logische Schlussfolgerung eines Freimaurers in einer freien Loge." Die Loge wird für dieses „unverschämte Verhalten" von der Grande Loge Symbolique de France sofort suspendiert und bittet wenig später kleinlaut um ihre Wiederaufnahme, allerdings ohne Schw.: Deraismes.

Erste Freimaurerin Maria Deraismes (1828-1894)

Am 14. März 1893 gründet sie deshalb mit Br.: Georges Martin, und mehreren anderen Frauen die La Respectable Loge, Le Droit Humain, Maconnerie Mixte (Ehrenwerte Loge „Menschenrechte" der gemischten Freimaurerei) Kurz darauf, am 4.April desselben Jahres installieren sie die erste gemischte Großloge der Welt, Grande Loge Symbolique Ecossais Mixte de France, (Großloge des gemischten Schottischen Ritus von Frankreich), aus der später der Internationale Orden der gemischten Freimaurerei „Le Droit Humain" entsteht. Zahlreiche Prominente, Okkultisten und Mitglieder der Thesophischen Gesellschaft schließen sich im Laufe der Zeit diesem neuen Orden an, wie beispielsweise Charles W. Leadbeater 33°, oder Annie Besant 33°, die später den Orden in England gründet. https://www.freiemaurer.de/freimaurerei/gemischte-freimaurerei/

Quelle: NTS i.O. Köln-Bonn

Es bleibt abzuwarten, wann die maskuline Freimaurerei bereit ist, den gesellschaftlichen Veränderungen zu folgen.

ob Freimaurer nach diesen Prinzipien handeln?
ob dagegen verstoßen wird?

Wie sieht es tatsächlich untereinander, im persönlichen Umgang innerhalb und außerhalb der Logen zwischen Brüdern und Schwestern aus?

Aus anscheinend gutem Grund wird in einigen Logen, ehe man zur Arbeit schreitet den Anwesenden folgendes ins Gedächtnis gerufen:

Wer gegen einen Bruder Groll im Herzen führt....
und ihm NICHT wohlgesinnt
wer Schuld hat, ungesühnt.....
und sich davon NICHT löste
wer Menschlichkeit zu seinem Ziele nicht erkor.....
und NICHT das Gute will
Der bleibe FERN!!
betrete unsern Tempel NICHT
BEVOR
er sich dem Bruder hat versöhnt,
die Schuld getilgt
und Menschlichkeit geübt

Offensichtlich war es schon sehr früh notwendig so an entsprechenden Umgang miteinander zu erinnern und Streitigkeiten durch entsprechende „Hausgesetze" und „Großlogensatzungen" zu regulieren.

Das Internationale Freimaurer-Lexikon von 1919(S. 403 ff.)
beschreibt unter dem Stichwort *E h r e n r a t* das folgende:

*[...,auch L o g e n g e r i c h t genannt, ist eine Einrichtung der Logen,
die das maurerische Verfahren bei Verletzung der maurerischen
Pflichten einleitet und ein Urteil zu fällen hat. Gegensätzlichkeiten
zwischen Brr. einer Loge werden zumeist durch den Stuhlmeister
oder durch ein Verständigungsverfahren zum Ausgleiche gebracht.
Falls dies ergebnislos bleibt, kommt die Angelegenheit vor den
Ehrenrat.*
*Bereits in den „Alten Pflichten" Andersons (1723) ist jedem Br. das
Recht eingeräumt, gegen Verletzung von „Honour and Safety" (Ehre
und Sicherheit) bei der Loge vorstellig zu werden und, wenn er sich
dort nicht befriedigt fühlt, bei der Vierteljahresversammlung der
Großloge Berufung einzulegen. In den meisten Verfassungen bildet
ein Großlogenehrenrat die oberste Instanz, bei der Berufungen
gegen Logenehrenratsurteile eingebracht werden können. Der
Meister vom Stuhl sowie die Großbeamten unterstehen gewöhnlich
unmittelbar dem Ehrenrat der Großloge. Die Strafen, die beide
Körperschaften verhängen können sind: Verweis, Rüge, zeitweiliges
Verbot des Logenbesuches und der Ausschluss aus der Loge oder
dem Bunde.]*

Als Ehrenamtsrichter einer Großloge lernte ich über die Ehrengerichtsbarkeit:

Der Ausschluss eines Mitgliedes kann nur aufgrund eines Verstoßes gegen die freimaurerische Ordnung erfolgen.

Dieser liegt vor, wenn ein Mitglied die Pflichten die es als Amtsträger oder Mitglied übernommen hat, schuldhaft verletzt. Eine Verletzung dieser Pflichten ist auch gegeben, wenn

a) die Würde eines Mitgliedes verletzt oder das Vertrauen missbraucht wurde

b) vor der Aufnahme oder Annahme falsche Angaben gemacht oder Angaben verschwiegen wurden, die für die Entscheidung über seine Aufnahme oder Annahme von Bedeutung waren

c) das Verhalten innerhalb oder außerhalb der Großloge geeignet ist, das Ansehen der Freimaurerei in der Öffentlichkeit zu beeinträchtigen.

Zum Zweck der Ehrengerichtsbarkeit wird ein Ehrenrat eingesetzt. Dieser besteht aus drei Meistermaurern, die alle drei Jahre durch die Mitgliederversammlung gewählt werden.

Aus meiner Tätigkeit als Ehrenamtsrichter ist mir das folgende Schreiben, das von einem MvSt. an seine Loge gerichtet wurde, in besonders positiver Erinnerung geblieben. Die Entscheidung des Ehrengerichts – es waren die erwähnten drei Ehrenamtsrichter – wurde bekanntgegeben, es handelte sich um einen Ausschluss aus der Loge wegen Nichtbeachtung der Punkte a) und c), die vorstehend erläutert wurden. Bemerkenswert ist der freimaurerische Geist und die Haltung, die vom MvSt. ausgedrückt und wie ausdrücklich auch die eigenen Positionen hinterfragt werden.

Es wird nicht „nachgetreten", sondern mit freimaurerischer Haltung der Tatsache, dass jemand, der einmal initiiert ist, IMMER Freimaurer ist und bleibt und damit entsprechend als Bruder/Schwester respektiert wird.
Hier der Text der Information an die Loge:

Das Ehrengericht hat eine Entscheidung getroffen.
Wir werden unseren Weg künftig ohne XX: NNNN gehen.
XX.NNNN hat um Deckung in unserer Loge ersucht und zeitgleich die Deckung bei der Großloge erklärt.   .
Dem Wunsch wird stattgegeben und NNNN wird eine ehrenvolle Deckung erhalten. Damit kann XX:NNNN in anderen Logen angenommen werden und erhält die Chance, in späterer Zukunft einen Wiederaufnahmeantrag bei unserer Loge zu stellen.
XX.NNNN wird uns in der Zukunft - als Gast - bei Tempelarbeiten stets willkommen sein.
Für unsere Loge ist der Fall damit allerdings noch nicht erledigt.
Es wurden Fehler von allen Beteiligten gemacht, und ich, als MvSt. nehme ich mich ausdrücklich nicht davon aus.
Wir haben manches Mal in Unkenntnis gehandelt.
Oft fehlte Erfahrung und gelegentlich fehlte es, vor allem mir, an Courage, um wenig angenehme Dinge anzusprechen oder abzustellen. Das Verfahren hat gezeigt, wie wir alle aus diesen Erfahrungen Schlüsse ziehen und uns in Zukunft anders verhalten müssen. Als MvSt. bin ich dafür verantwortlich den künftigen Rahmen abzustecken und zu sichern. Dazu gehört die Fortsetzung unserer geplanten Arbeiten im Tempel ebenso, wie die Erinnerung und Auseinandersetzung mit freimaurerischen Grundlagen und ihrer Bedeutung für unseren Umgang miteinander um damit dem Wohl unserer Loge zu dienen und die persönlichen Entwicklungen zu fördern. Lasst uns den freimaurerischen Weg des Lernens gemeinsam gehen!

Diese Loge beweist damit, dass sie das, was als Güte und Toleranz für und in der Freimaurerei erwartet wird, erfüllt.

ob und wie diese Lebenshaltung geschult wird?
welcher Mittel man sich bedient?

Lebenshaltungen entwickeln sich und können bis zu einem gewissen Grad geschult werden.
Was wären Wege und Mittel dazu?
Neben anderen bieten sich diese an:

Stille

Die Arbeit einer Loge beginnt mit verschiedenen rituellen Handlungen, deren Sinn die Trennung vom alltäglichen Leben auf die nun folgende spirituelle Arbeit ist.
Nach Abschluss der Arbeit entlässt der Meister vom Stuhl die Teilnehmer in das profane Leben mit dem Auftrag: *„Geht nun zurück in die Welt, meine Brüder (und Schwestern), und bewährt euch als Freimaurer. Wehret dem Unrecht wo es sich zeigt, kehrt niemals der Not und dem Elend den Rücken, seid wachsam auf euch selbst."* sinngemäß, je nach Loge.

Brüderlichkeit/Geschwisterlichkeit

Natürlich geht es darum sich selbst zu verbessern. Wir sollten allerdings mehr sein, als nur die Ansammlung von Gleichgesinnten. Der sich in der Gemeinschaft der Loge entwickelte Geist kann dazu beitragen die Gesellschaft zu einem gemeinsamen lebendigen geschwisterlichen Lebensraum zu gestalten.

Ehrfurcht

Das was in der Freimaurerei als Menschenliebe bezeichnet wird, ist eine Grundlage für eine Welt, in der sich solidarisches und liebendes Miteinander nicht länger auf Zwischenmenschlichkeit beschränken.
Es kann eine universale Erscheinung und Form der Liebe entstehen, Das was wir mit Humanismus bezeichnen, kann das eigentliche Menschsein werden.

Tapferkeit: Es ist die Bereitschaft sich gegen erkennbare Ungerechtigkeiten einzusetzen. Mit Tapferkeit für das Gute zu kämpfen sollte Herzenssache sein. Vorsicht, Sorgfalt und Geduld sind Bestandteil jeder Tapferkeit, die Unrecht erkennt und sich dagegen wendet.

Dazu nutzt man als Mittel

Jemand der als Freimaurer aufgenommen wird, erlebt seine Aufnahme „wie im Rausch" ist oft tief beeindruckt, kann aber das meiste nicht einordnen.

Das liegt daran, dass er zum Beginn seiner Aufnahme „blind", d. h. mit verbundenen Augen in die Loge geführt, vorgeführt, wird, und dort ein Ritual miterlebt, dessen Inhalte er weder kennt, noch versteht.

Aus diesem Grund ist es üblich, dass der neu aufgenommene Lehrling als erste Information mit dem Ritual des 1. Grades ausgestattet wird. Damit wird der Lehrling in die Lage versetzt, das, was er miterlebt hat, in schriftlicher Form nach zu erleben. Es wäre zu einfach, würde man die Lehrlinge mit dem Ritualtext alleine lassen und es ihnen überlassen die vorhandene Ritualsymbolik zu ergründen um die weiteren Arbeiten richtig zu verstehen, sie zu verinnerlichen und wirklich, d. h. spirituell mit zu erleben. Aus diesem Grund finden vor den Arbeiten jeweils „Vorhöfe" statt.

Diese, für die Lehrlinge, aber auch die anderen Grade dort vermittelten Informationen werden in der Regel von den Aufsehern als „Vorhöfe" durchgeführt.

In einigen Logen sind „Vorhöfe" völlig unbekannt, einige andere nutzen diese Einrichtung dazu allgemeine Fragen der Loge zu besprechen, allgemeine Verlautbarungen mitzuteilen um anschließend darüber zu diskutieren, was mitunter den Logenfrieden reichlich strapazieren kann. Das „Internationale Freimaurer-Lexikon" von Lennhoff-Posner vermerkt unter „Vorhof" : siehe „Saal der verlorenen Schritte" .

Dieser Raum wird als Vorraum vor dem Audienz- oder Sitzungssaal bezeichnet und als Übergang von der profanen (nichtfreimaurerischen) Welt bezeichnet.

Die freimaurerische Erläuterung lautet:

Jeder Schritt, der vor Eintritt in die Bruderschaft oder nicht in Übereinstimmung mit ihren Satzungen getan wird, ist symbolisch gesehen, als verloren anzusehen.

In französischen Logen wird das Parvia, der Vorraum des Tempels, als Saal der verlorenen Schritte bezeichnet.

Über Ungarn, das diese Bezeichnung sinngemäß übernahm, kam der Begriff nach Österreich.

In Deutschland, in den Logen der VGLvD/AFAM ist dieser Begriff weitgehend unbekannt.

Jeder Grad hat sein Ritual.

So erhält der neu aufgenommene Lehrling nach seiner Aufnahme das Ritual, nach dem er aufgenommen wurde, das er intensiv lesen und durcharbeiten muss.

Sein Bürge beantwortet ihm alle sich daraus ergebenden Fragen.

Wie bereits erwähnt, sind im Ritual des ersten Grades bereits die wesentlichsten Elemente der Freimaurerei enthalten. Es bringt dem Freimaurerlehrling die Idee und Symbolik näher und ist der Leitfaden und Wegweiser in und mit der Freimaurerei.

Dem Gesellen hilft das Gesellenritual seine Arbeit in der Gemeinschaft mit anderen besser zu verstehen und seine Position einzuordnen.

Meister vertiefen in den für sie bestimmten Ritualen ihre transzendente und spirituelle Arbeit um die dadurch wirkenden Kräfte in sich zu begreifen und zu vertiefen.

Die Sinninhalte wurden über viele Jahre in den Vorhöfen mit Hinweisen auf die Bedeutung der vorhandenen Symbole erarbeitet.

Der Schwerpunkt liegt – in allen Graden – auf der eigenen Verarbeitung und der eigenen Interpretation der Symbole.

Die Freimaurerei verwendet zur Anleitung und Schulung ihrer
Mitglieder rund 250 Symbole und symbolische Gehalte.
Man spricht von Lehrbildern oder Lehrzeichen oder Allegorien.
Sie stammen aus allen Jahrtausenden der Menschheitsgeschichte.
Die grundlegenden Rituale dagegen stammen aus der
Handwerkertradition des späten Mittelalters.

warum die Arbeit und die Mittel dazu geheim sind?

Geschichte, Grundsätze und Zweck der Freimaurerei sind kein Geheimnis. Freimaurer schweigen über Zeichen und Gebräuche, die zur wechselseitigen Erkennung dienen, die Rituale und die Zugehörigkeit anderer zum Bunde Nichtfreimaurern gegenüber bekanntzugeben.
Vor allem schweigen Freimaurer über die Gespräche in den Logen und damit über die inneren Angelegenheiten der Logen. Bei seiner Aufnahme gelobt der Lehrling über das Brauchtum, Erkennungszeichen und das untereinander gesprochene Wort zu schweigen.

Darüber hinaus gibt es kein Geheimnis!

Ein Geheimnis lässt sich nur unter wenigen bewahren.

"Gewissen Geheimnissen, und wenn sie offenbar wären, muss man durch Verhüllung und Schweigen Achtung erweisen", sagt der Freimaurer Goethe, dem das gleiche Thema die bedeutsamen Verse eingab:

> *Niemand soll und wird es schauen,*
> *Was einander wir vertraut.*
> *Denn auf Schweigen und Vertrauen*
> *Ist der Tempel aufgebaut.*

Was ist das Ziel der Freimaurer?

Daheim ist sie Güte,
im Geschäft ist sie Ehrlichkeit,
in Gesellschaft ist sie Höflichkeit,
bei der Arbeit ist sie Anständigkeit!
Für den Unglücklichen ist sie Mitleid,
für den Schwachen ist sie Hilfe,
für den Starken ist sie Vertrauen.
Dem Gesetz gegenüber ist sie Treue,
gegen das Unrecht ist sie Widerstand.
Beim Reuigen ist sie Verzeihen,
für den Glücklichen ist sie Mitfreude.
Vor Gott ist sie Ehrfurcht und Liebe.

Persönliche Erfahrungen

Bei meiner Aufnahme in den Bund erklärte mir mein Bürge, dass man alle großen Dinge kurz und bündig in jedem Dialekt erklären könne.

Dieser Leitfaden ist nicht „im Dialekt" geschrieben, aber ich hoffe, dass das Wesentliche, für jeden der sucht, erkennbar wurde.

Werner J. Kraftsik im November 2024

Werkverzeichnis November 2024

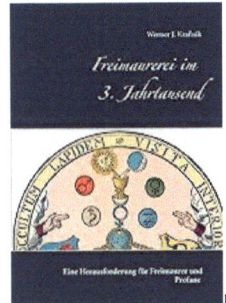

Freimaurerei im 3. Jahrtausend:
Eine Herausforderung für Freimaurer und Profane   ISBN-13 9783738622539

Das Versagen der Freimaurerei: ISBN-13 9783739232577

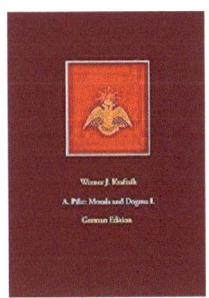 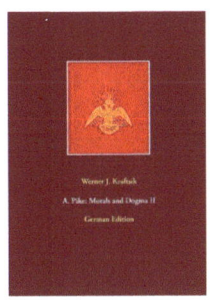

A.Pike: Morals and Dogma I   und   Morals and Dogma II

ISBN-13 9783746012698   ISBN- 13 9783746000275

Pinocchio, ein freimaurerisches Ideal: ISBN-13 9783748184010

Marionettentod   ISBN-13 9783743113503

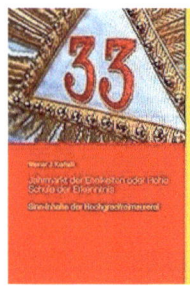

Jahrmarkt der Eitelkeiten oder..   ISBN-13 9783748140481

LICHT, Ursprung und Ziel….   ISBN-13 9783749497867

Du bist Gott   ISBN-13 9783753459264

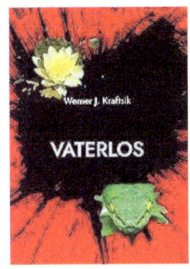
Vaterlos   ISBN-13 9783755770077

Bleibst Du oder......   ISBN-13 9783759751065

Alle Bücher sind auch als E-Book erhältlich.
Informationen beim Verlag www.BoD.de, den örtlichen
Buchhändlern oder bekannten Online-Händlern